MEIN ERSTES SUCHBUCH

OSTER HASEN

ISBN: 9791281216822

VERLAGSLABEL: TG Edition

KONTAKT

TG Edition
Thomas Larch
Ritterweg 16/C
39010 St. Martin in Passeier
Italien

E-Mail: support@tg-edition.com

BILDNACHWEISE

freepik

HAFTUNGSAUSSCHLUSS

Die Umsetzung aller enthaltenen Informationen, Anleitungen und Strategien dieses Buchs erfolgt auf eigenes Risiko. Für etwaige Schäden jeglicher Art kann der Autor aus keinem Rechtsgrund eine Haftung übernehmen. Für Schäden materieller oder ideeller Art, die durch die Nutzung oder Nichtnutzung der Informationen bzw. durch die Nutzung fehlerhafter und/oder unvollständiger Informationen verursacht wurden, sind Haftungsansprüche gegen den Autor grundsätzlich ausgeschlossen. Ausgeschlossen sind daher auch jegliche Rechts- und Schadensersatzansprüche. Dieses Werk wurde mit größter Sorgfalt nach bestem Wissen und Gewissen erarbeitet und niedergeschrieben.

Für die Aktualität, Vollständigkeit und Qualität der Informationen übernimmt der Autor jedoch keinerlei Gewähr. Auch können Druckfehler und Falschinformationen nicht vollständig ausgeschlossen werden. Für fehlerhafte Angaben vom Autor kann keine juristische Verantwortung sowie Haftung in irgendeiner Form übernommen werden.

URHEBERRECHT

Der Osterhase hat eine sehr wichtige Aufgabe! Er muss Eier und Körbe für alle Kinder verstecken, bevor der Ostermorgen kommt. Kannst du den Osterhasen finden und ihm helfen, sich für sein großes Abenteuer bereitzumachen?

In seinem gemütlichen Bau ist der Osterhase fleißig dabei, seinen Korb zu packen. Eier in allen Farben, glänzende Schleifen und Leckereien sind überall verstreut! Kannst du den Osterhasen finden, während er alles vorbereitet?

SUCHE & FINDE!

1
2
3
2
1

Die Wiese ist voller schöner Blumen, die in der Sonne blühen. Bienen summen, und Schmetterlinge flattern durch die Luft. Irgendwo im hohen Gras versteckt der Osterhase seine bunten Eier. Kannst du ihn entdecken?

SUCHE & FINDE!

1
2
5
1
1

Auf einer ruhigen Lichtung im Wald singen die Vögel, und kleine Nester sind in den Bäumen versteckt. Der Osterhase hüpft von Busch zu Busch und steckt Eier hinter Steine und unter Blätter. Kannst du ihn finden?

SUCHE & FINDE!

1 

1 

1 

3 

3 

Der Blumengarten leuchtet in vielen Farben – rosa Tulpen, gelbe Gänseblümchen und viele andere Blumen wiegen sich im Wind. Der Osterhase versteckt Eier unter den Blüten und hinter Blumentöpfen. Schau genau hin – kannst du ihn zwischen den Blumen sehen?

SUCHE & FINDE!

- 1 [Hase]
- 1 [Katze]
- 2 [Gießkanne]
- 3 [Osterei]
- 2 [Handschuhe]

Kinder lachen und spielen auf den Schaukeln und Rutschen. Der Osterhase schleicht herum und versteckt Eier unter der Wippe und vor der Rutsche. Kannst du ihn finden, bevor er weghüpft?

SUCHE & FINDE!

- 1 × Osterhase
- 1 × Hund
- 3 × Osterei
- 1 × Süßigkeitentüte
- 2 × Luftballons

IT'S CANDY

Eine Picknickdecke liegt unter einem großen, schattigen Baum. Da steht ein Korb mit Brot, Obst und leckeren Sachen, aber der Osterhase war auch fleißig! Er hat Eier rund ums Picknick versteckt – kannst du ihn in der Nähe sehen?

SUCHE & FINDE!

1

1

3

1

2

Auf dem Bauernhof ist viel los: Hühner gackern, flauschige Küken piepsen, und eine liebe Kuh sagt „Muuuh". Der Osterhase versteckt Eier im Heu und beim Hühnerstall. Er passt auf, dass die Tiere ihn nicht sehen – kannst du ihn entdecken?

SUCHE & FINDE!

- 1 Hase
- 3 Ei
- 2 Huhn
- 1 Korb
- 1 Traktor

Der Süßigkeitenladen ist voller leckerer Dinge – Schokoladeneier, Muffins und bunte Gummibärchen stehen in den Regalen. Der Osterhase versteckt Eier zwischen Gläsern und hinter den Süßigkeiten. Kannst du ihn zwischen all den Leckereien entdecken?

SUCHE & FINDE!

1 

2 

2 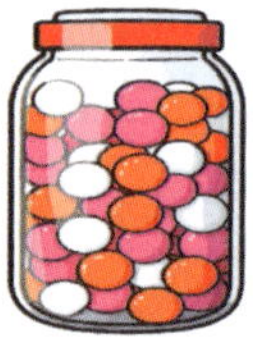

2 

1 

JELLY
JELLY

Der Markt ist voller Leute, die Blumen, frisches Gemüse und selbstgemachte Sachen kaufen. Der Osterhase huscht zwischen den Ständen hin und her und legt Eier neben die Gemüsekörbe. Kannst du ihn finden?

SUCHE & FINDE!

1

2

1

1

4

Am Teich quaken die Enten, und Kinder füttern sie mit Brot. Der Osterhase versteckt Eier im hohen Gras und hinter den Seerosen. Er sitzt ganz still – kannst du ihn sehen?

SUCHE & FINDE!

1

2

1

2

3

Das Klassenzimmer ist mit bunten Osterbasteleien geschmückt – Papierhasen, bemalte Eier und viele Zeichnungen. Der Osterhase hat Eier bei den Farben und hinter dem Lehrerpult versteckt. Kannst du ihn finden, bevor der Unterricht beginnt?

SUCHE & FINDE!

1 

1 

4 

2 

2 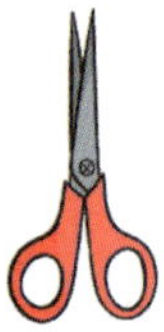

12
9
3
6

Im Garten stehen eine Schaukel, Spielsachen und eine Gießkanne. Der Osterhase hat Eier in den Büschen, unter der Rutsche und bei der Gießkanne versteckt. Er schaut aus seinem Versteck hervor – kannst du ihn sehen?

SUCHE & FINDE!

1

1

4

1

1

Auf der Osterparade spielen Musiker und bunte Wagen rollen vorbei. Der Osterhase mischt sich unter die Menge und versteckt Eier bei den Autos. Kannst du ihn finden?

SUCHE & FINDE!

1

3

1

2

3

FROHE OSTERN
OSTERN

Tief im Wald steht ein magischer Baum mit einem Versteck, das sanft leuchtet. Der Osterhase hat Eier ins Versteck gelegt und sich hinter den Pilzen versteckt. Schau genau hin – kannst du ihn sehen, wie er hervorlugt?

SUCHE & FINDE!

- 1
- 3
- 1
- 2
- 4

Nach einem langen Tag voller
Versteckspiele macht der
Osterhase ein Nickerchen unter
einem großen, schattigen Baum.
Sein Korb ist leer, und er
knabbert an einer leckeren
Karotte.

Herzlichen Glückwunsch! Du hast dem Osterhasen geholfen, seine Mission zu erfüllen, und dieses Osterfest zu etwas ganz Besonderem gemacht – großartig gemacht!

Name

Vielen Dank für deinen Kauf!

Wir hoffen, dass du und dein Kind viel Spaß mit den Bilderrätseln hattet. Wenn dir das Buch gefallen hat, hinterlasse bitte eine Bewertung auf Amazon.

Vielen Dank!

Mehr von TG Edition

Das Montessori-Buch für Babys & Kleinkinder:

200 kreative Aktivitäten für zu Hause – achtsam Aufwachsen und spielerisch die Selbstständigkeit fördern.

Das Montessori-Buch für Kindergarten und Vorschule:

150 kreative Aktivitäten für zu Hause – achtsam aufwachsen und spielerisch die Selbstständigkeit fördern.

Printed in Poland
by Amazon Fulfillment
Poland Sp. z o.o., Wrocław

49189993R00024